Impressum
Verlag: BABADADA GmbH, Nedderfeld 112 , 22529 Hamburg
Geschäftsführer / Verlagsleitung: Harald Hof
Druck: Books on Demand GmbH, In de Tarpen 42, 22848 Norderstedt

Imprint
Publisher: BABADADA GmbH, Nedderfeld 112 , 22529 Hamburg, Germany
Managing Director / Publishing direction: Harald Hof
Print: Books on Demand GmbH, In de Tarpen 42, 22848 Norderstedt

koulu
학교

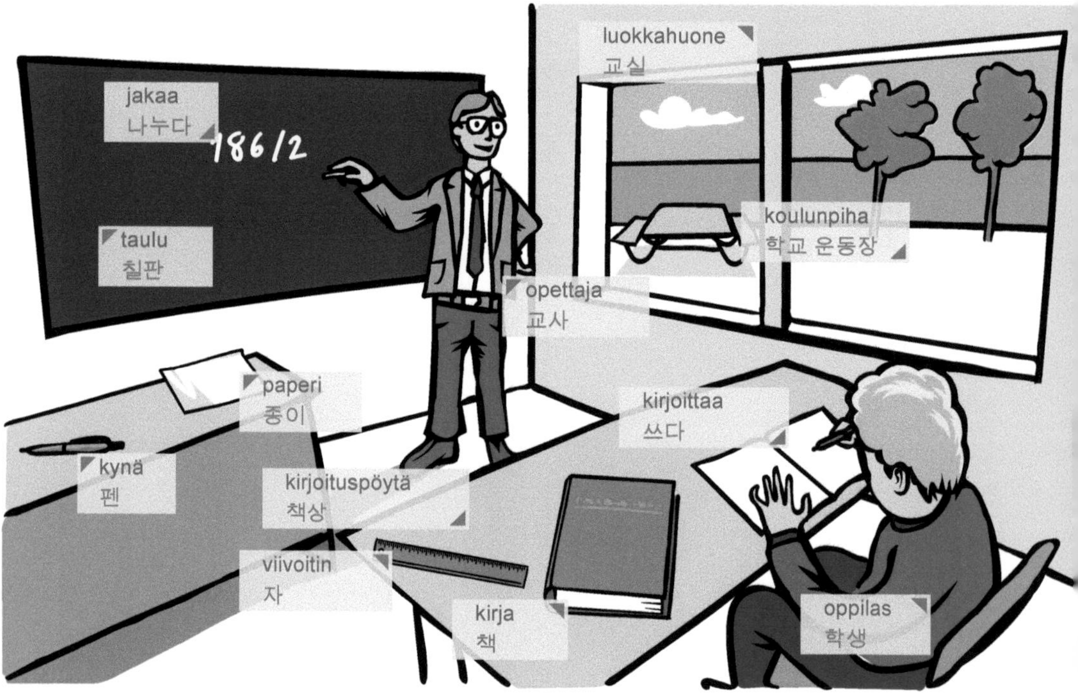
luokkahuone
교실
jakaa
나누다
186/2
koulunpiha
학교 운동장
taulu
칠판
opettaja
교사
paperi
종이
kirjoittaa
쓰다
kynä
펜
kirjoituspöytä
책상
viivoitin
자
kirja
책
oppilas
학생

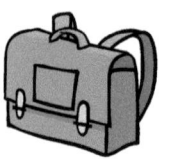

reppu
책가방

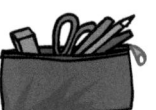

penaali
필통

lyijykynä
연필

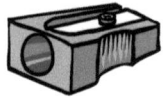

kynänteroitin
연필깎이

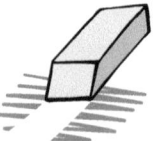

pyyhekumi
지우개

piirustuslehtiö
스케치북

piirustus

그림

pensseli

붓

vesivärit

그림물감 통

sakset

가위

liima

풀

harjoituskirja

연습장

kotitehtävä

숙제

luku

숫자

lisätä

더하다

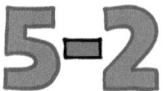

vähentää

빼다

kertoa

곱하다

laskea

계산하다

kirjain

글자

aakkoset

알파벳

sana

낱말

teksti

텍스트

lukea

읽다

liitu

분필

oppitunti

수업시간

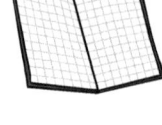

opettajan muistikirja

출석부

koe

시험

todistus

증명서

koulupuku

교복

koulutus

교육

sanakirja

백과사전

yliopisto

대학교

mikroskooppi

현미경

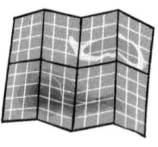

kartta

지도

roskakori

휴지통

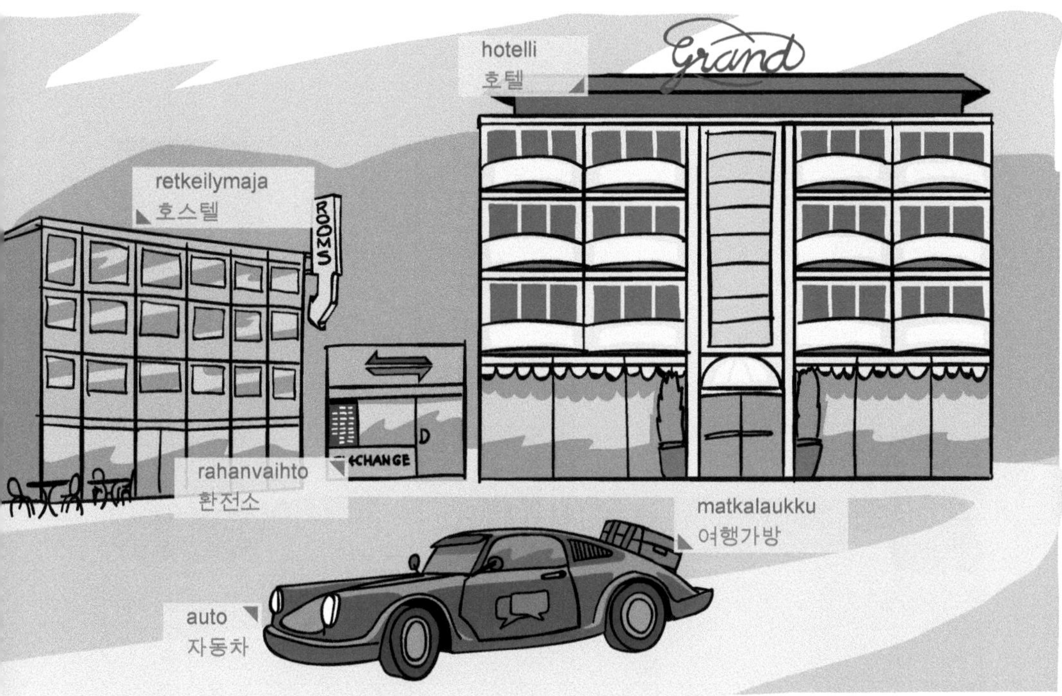
hotelli
호텔
Grand
retkeilymaja
호스텔
ROOMS
rahanvaihto
환전소
matkalaukku
여행가방
auto
자동차

kieli

언어

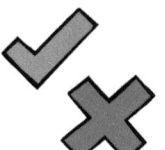

kyllä / ei

예 / 아니오

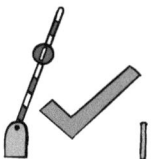

selvä

좋아

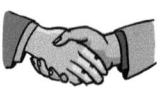

hei

안녕

tulkki

번역가

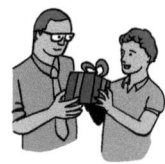

kiitos

고마워, 고마워요

Paljonko...maksaa?

... 얼마입니까?

en ymmärrä

나는 이해하지 못합니다

ongelma

문제

Hyvää iltaa!

안녕하세요!

Hyvää huomenta!

안녕하세요!

Hyvää yötä!

잘자요!

näkemiin

또 만나요

suunta

방향

matkatavarat

수하물

laukku

가방

reppu

배낭

vieras

손님

huone

방

makuupussi

침낭

teltta

텐트

turisti-info
여행 안내

ranta
해변

luottokortti
신용카드

aamupala
아침식사

lounas
점심식사

päivällinen
저녁식사

matkalippu
승차권

hissi
승강기

postimerkki
우표

raja
경계

tulli
세관

suurlähetystö
대사관

viisumi
비자

passi
여권

kuljetus
운반

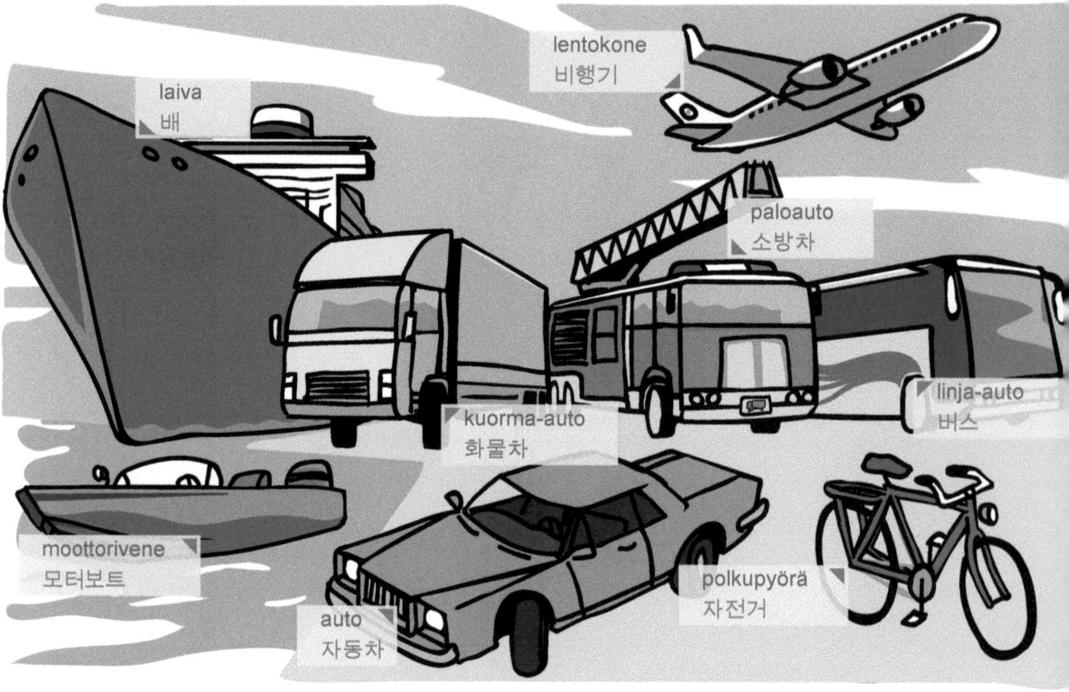
lentokone
비행기
laiva
배
paloauto
소방차
linja-auto
버스
kuorma-auto
화물차
moottorivene
모터보트
polkupyörä
자전거
auto
자동차

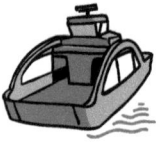

lautta
페리

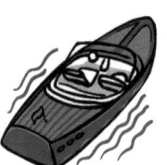

vene
보트

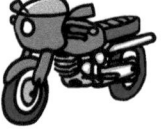

moottoripyörä
오토바이

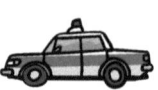

poliisiauto
경찰차

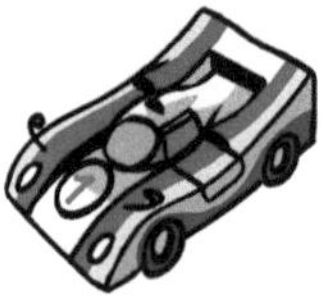

kilpa-auto
경주차

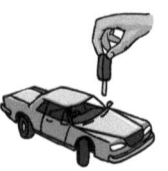

vuokra-auto
렌트카

car sharing

카셰어링

hinausauto

견인차

roska-auto

쓰레기차

moottori

모터

polttoaine

연료

huoltoasema

주유소

liikennemerkki

교통 표지

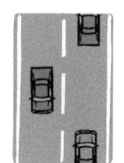

liikenne

교통

ruuhka

교통 정체

parkkipaikka

주차장

rautatieasema

기차역

raiteet

트랙터

juna

기차

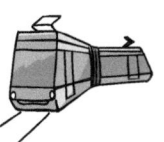

raitiovaunu

전차

vaunu

객차

kuljetus - 운반

helikopteri

헬리콥터

lentokenttä

공항

lähilennonjohto

타워

matkustaja

승객

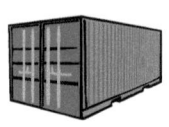

kontti

컨테이너

pahvilaatikko

상자

kärryt

카트

kori

바구니

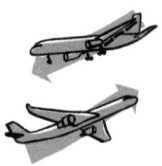

nousta / laskea

출발하다 / 도착하다

kaupunki
도시

kylä

마을

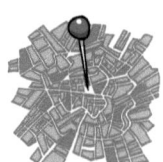

keskusta

도심

talo

집

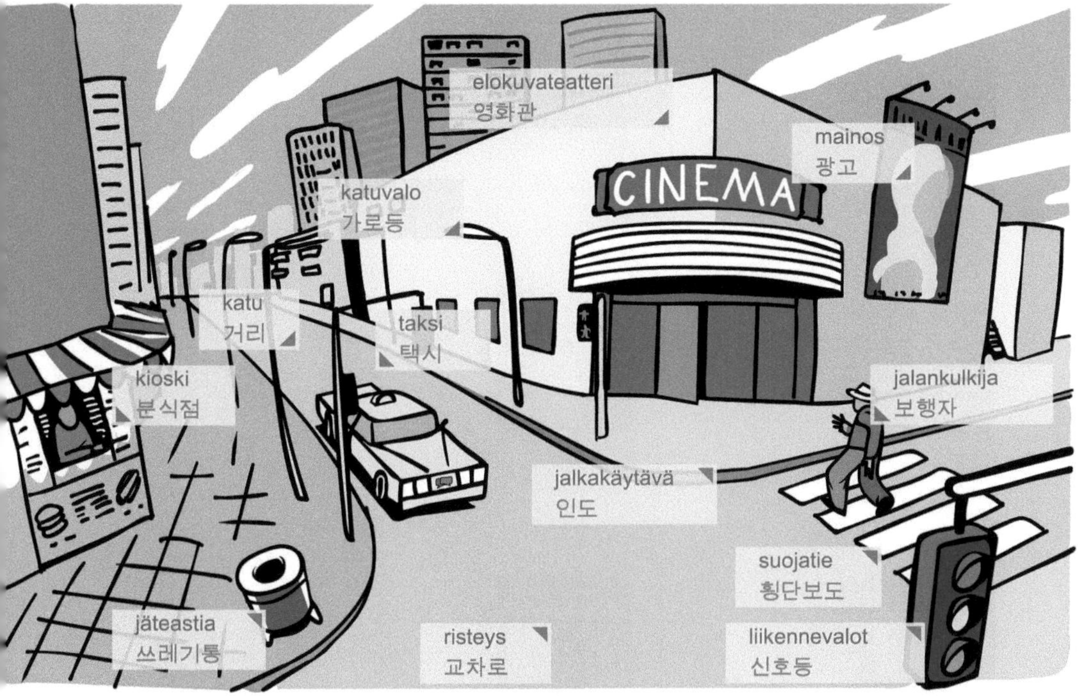
elokuvateatteri
영화관
CINEMA
mainos
광고
katuvalo
가로등
katu
거리
taksi
택시
kioski
분식점
jalankulkija
보행자
jalkakäytävä
인도
suojatie
횡단보도
jäteastia
쓰레기통
risteys
교차로
liikennevalot
신호등

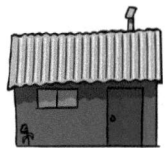

mökki

오두막

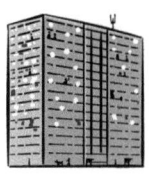

kerrostalo

주택

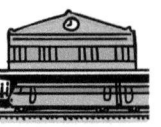

rautatieasema

기차역

kaupungintalo

시청

MUSEUM

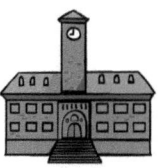

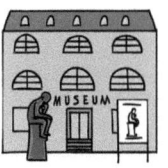

museo

박물관

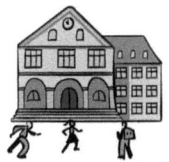

koulu

학교

yliopisto

대학교

pankki

은행

sairaala

병원

hotelli

호텔

apteekki

약국

toimisto

사무실

kirjakauppa

서점

liike

상점

kukkakauppa

꽃가게

supermarketti

수퍼마켓

tori

시장

tavaratalo

백화점

kalakauppias

생선가게

ostoskeskus

쇼핑 센터

satama

항구

puisto

공원

penkki

벤치

silta

다리

portaat

계단

metro

지하철

tunneli

터널

linja-autopysäkki

버스 정류장

baari

바

ravintola

레스토랑

postilaatikko

우체통

katukyltti

도로 표지판

parkkimittari

주차료 징수기

eläintarha

동물원

uimala

수영장

moskeija

모스크 사원

maatila

농장

ympäristön saastuminen

환경오염

hautausmaa

공동묘지

kirkko

교회

leikkikenttä

놀이터

temppeli

절

maisema

풍경

lehti
잎

tienviitta
이정표

tie
길

niitty
초원

kivi
돌

retkeilijä
도보여행자

puu
나무

joki
강

ruoho
잔디

kukka
꽃

laakso

계곡

vuori

산

järvi

호수

metsä

숲

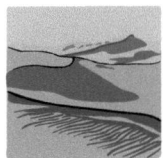

aavikko

사막

tulivuori

화산

linna

성

sateenkaari

무지개

sieni

버섯

palmu

야자나무

hyttynen

모기

kärpänen

파리

muurahainen

개미

mehiläinen

벌

hämähäkki

거미

kovakuoriainen

딱정벌레

sammakko

개구리

orava

다람쥐

siili

고슴도치

jänis

토끼

pöllö

부엉이

lintu

새

joutsen

백조

villisika

맷돼지

peura

사슴

hirvi

순록

pato

댐

tuulimylly

풍력 터빈

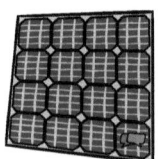

aurinkopaneeli

태양광 전지판

ilmasto

기후

ravintola
레스토랑

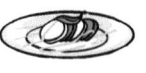

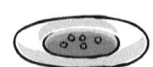

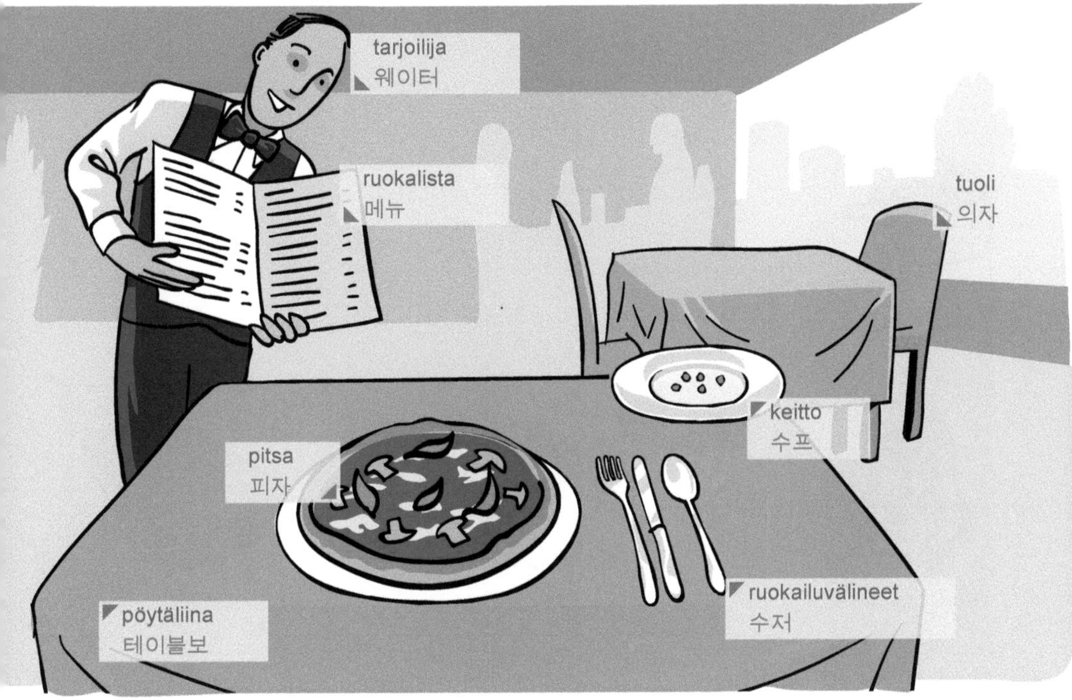
tarjoilija
웨이터
ruokalista
메뉴
tuoli
의자
keitto
수프
pitsa
피자
ruokailuvälineet
수저
pöytäliina
테이블보

alkuruoka

전채요리

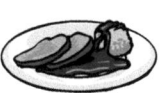

pääruoka

주요리

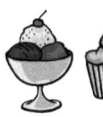

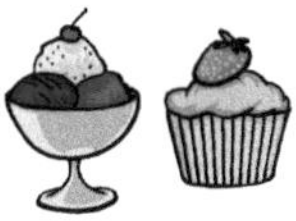

jälkiruoka

후식

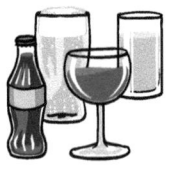

juomat

음료수

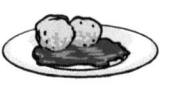

ruoka

음식

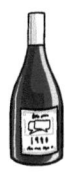

pullo

병

pikaruoka

인스턴트 식품

katuruoka

길거리음식

teekannu

찻주전자

sokeriastia

설탕통

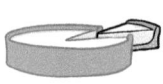

annos

인분

espressokeitin

에스프레소 머신

syöttötuoli

높은 의자

lasku

계산서

tarjotin

쟁반

veitsi

칼

haarukka

포크

lusikka

숟가락

teelusikka

찻숟가락

servietti

냅킨

lasi

유리잔

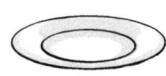

lautanen

접시

syvä lautanen

수프 그릇

aluslautanen

컵 받침

kastike

소스

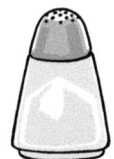

suolasirotin

소금통

pippurimylly

후추통

etikka

식초

öljy

기름

mausteet

양념

ketsuppi

케첩

sinappi

겨자

majoneesi

마요네즈

supermarketti
수퍼마켓

tarjous
특가 판매
FOR
asiakas
고객
maitotuotteet
유제품
hedelmät
과일
ostoskärryt
트롤리

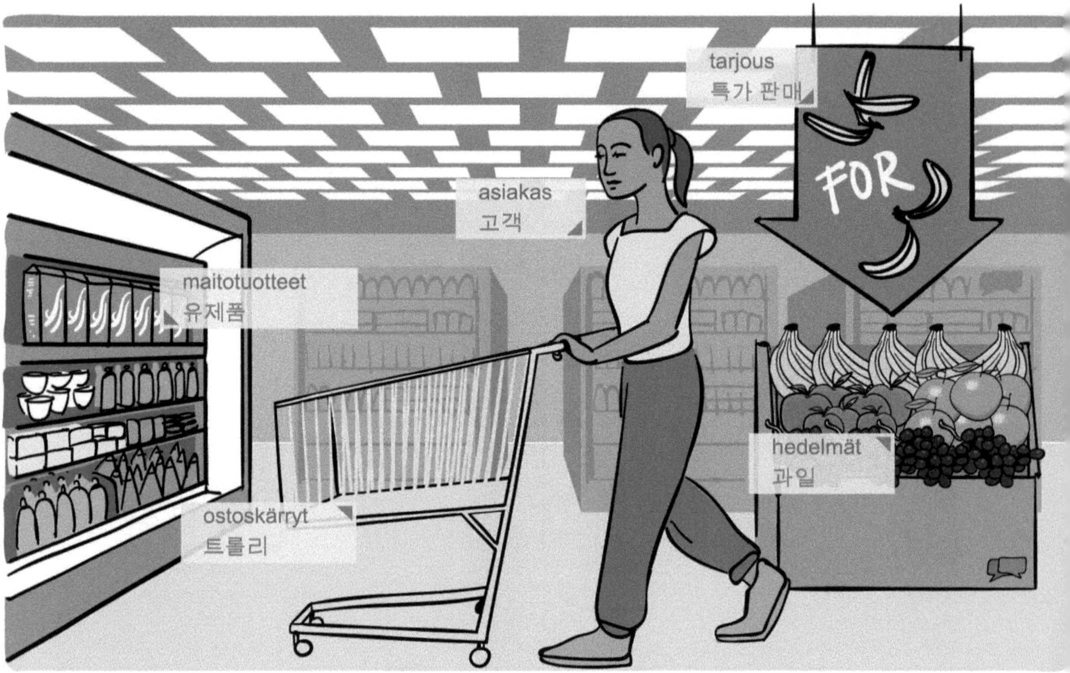

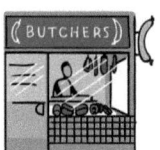

BUTCHERS

teurastamo
정육점

BAKERY

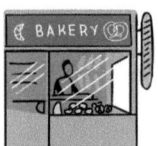

leipomo
빵집

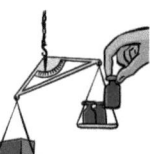

punnita
무게가 나가다

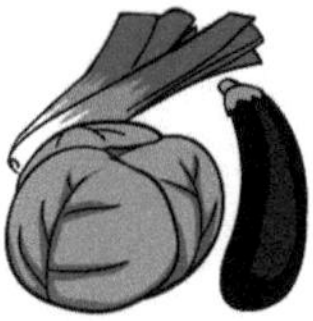

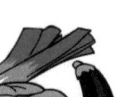

kasvikset
채소

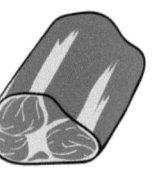

liha
고기

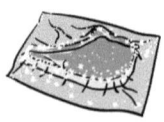

pakasteet
냉동식품

leikkele
냉육

säilykkeet
통조림

pesujauhe
가루 세제

makeiset
달콤한 간식

kotitaloustarvikkeet
가정용품

puhdistusaineet
세척제

myyjä
판매원

kassa
계산대

kassanhoitaja
계산원

ostoslista
구매목록

aukioloajat
문 여는 시간

lompakko
지갑

luottokortti
신용카드

kassi
가방

muovipussi
비닐 봉투

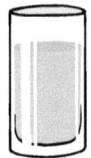

vesi

물

mehu

주스

maito

우유

kokis

콜라

viini

와인

olut

맥주

alkoholi

술

kaakao

카카오

tee

차고

kahvi

커피

espresso

에스프레소

cappuccino

카푸치노

banaani

바나나

omena

사과

appelsiini

오렌지

meloni

수박

sitruuna

레몬

porkkana

당근

valkosipuli

마늘

bambu

대나무

sipuli

양파

sieni

버섯

pähkinät

견과류

spagetti

국수

spagetti

스파게티

riisi

쌀

salaatti

샐러드

ranskalaiset

감자칩

paistetut perunat

감자튀김

pitsa

피자

hampurilainen

햄버거

voileipä

샌드위치

leike

커틀렛

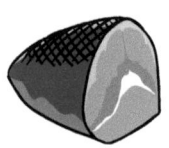

kinkku

햄

salami

살라미

makkara

소시지

kana

닭

paisti

구이

kala

생선

kaurahiutaleet

오트밀

mysli

뮤슬리

murot

콘플레이크

jauho

밀가루

voisarvi

크루아상

sämpylä

롤빵

leipä

빵

paahtoleipä

토스트

keksit

비스킷

voi

버터

rahka

응유

kakku

케이크

kananmuna

달걀

paistettu kananmuna

계란 후라이

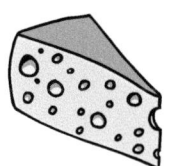

juusto

치즈

jäätelö

아이스크림

sokeri

설탕

hunaja

꿀

hillo

잼

suklaapähkinälevite

누가 크림

curry

카레

maatila
농장

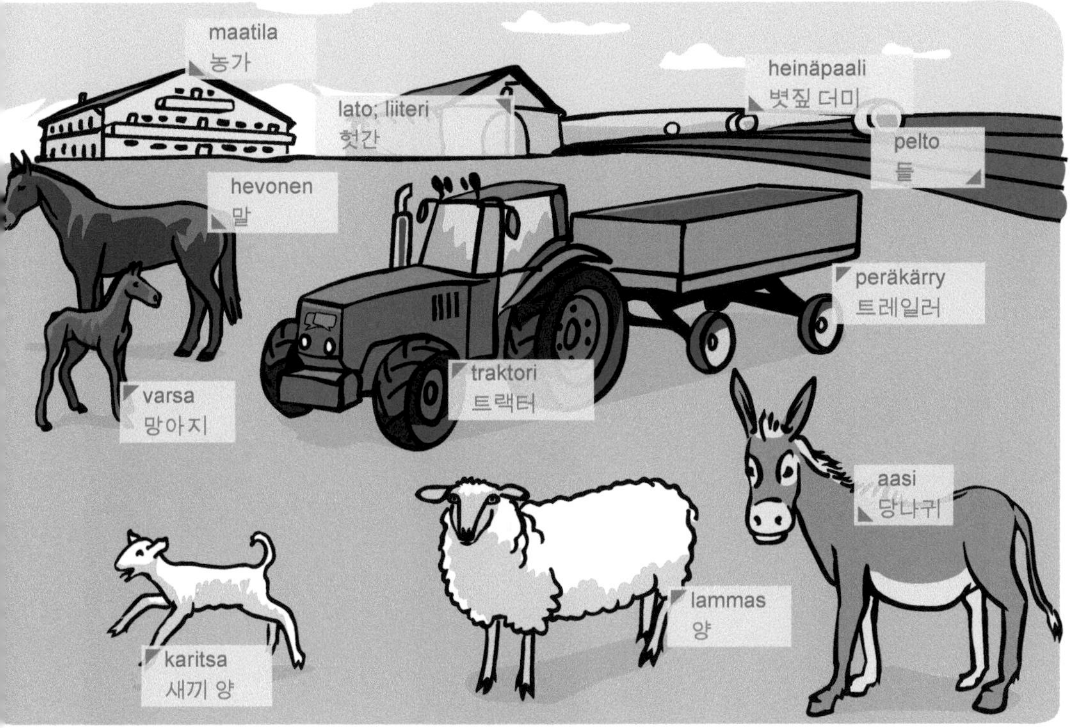

maatila
농가
lato; liiteri
헛간
heinäpaali
볏짚 더미
pelto
들
hevonen
말
peräkärry
트레일러
traktori
트랙터
varsa
망아지
aasi
당나귀
lammas
양
karitsa
새끼 양

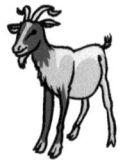

vuohi

염소

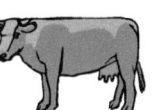

lehmä

암소

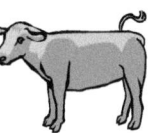

vasikka

송아지

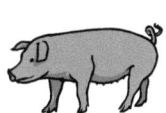

sika

돼지

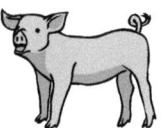

porsas

새끼 돼지

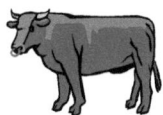

sonni

황소

hanhi

거위

ankka

오리

tipu

병아리

kana

암탉

kukko

수탉

rotta

쥐

kissa

고양이

hiiri

생쥐

härkä

황소

koira

개

koirankoppi

개집

puutarhaletku

정원용 호스

kastelukannu

물뿌리개

viikate

큰 낫

aura

쟁기

sirppi

낫

kuokka

괭이

talikko

쇠스랑

kirves

도끼

kottikärryt

외바퀴 손수레

kaukalo

여물통

maitokannu

우유 캔

säkki

부대

aita

울타리

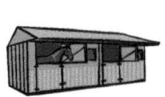

talli

축사

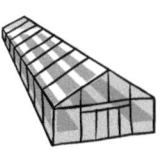

kasvihuone

비닐하우스

maa

땅

siemen

씨앗

lannoite

거름

leikkuupuimuri

콤바인

kerätä sato

수확하다

sato

수확

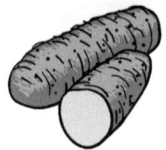

jamssit

참마

vehnä

밀

soija

콩

peruna

감자

maissi

옥수수

rypsi

유채씨

hedelmäpuu

과일나무

maniokki

카사바

vilja

곡식

talo
집

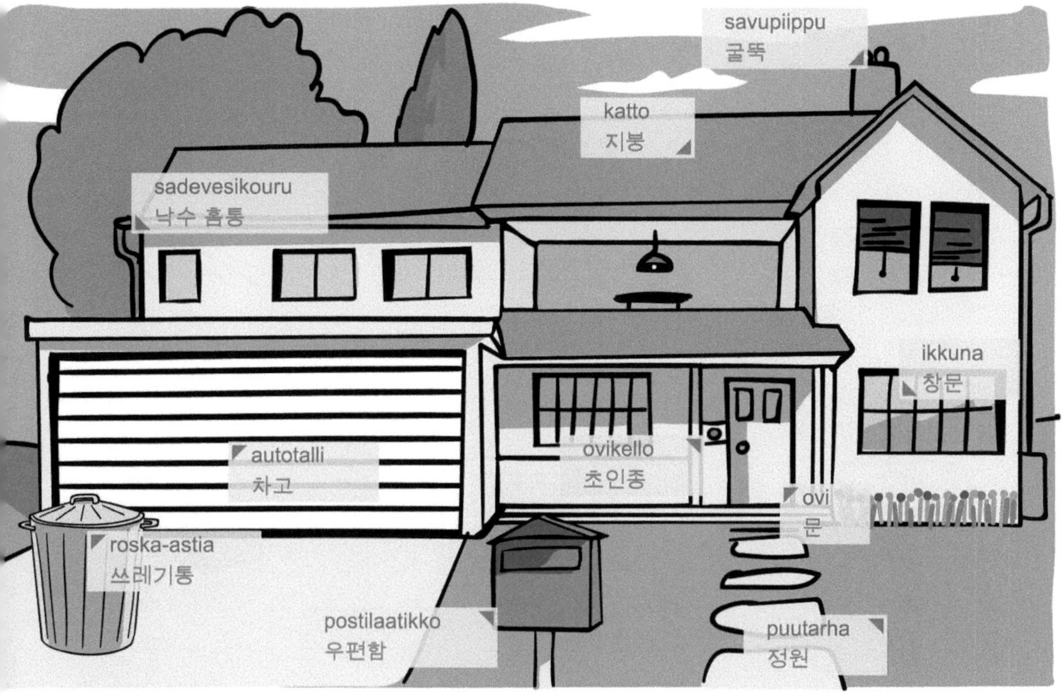
savupiippu
굴뚝
katto
지붕
sadevesikouru
낙수 홈통
ikkuna
창문
autotalli
차고
ovikello
초인종
ovi
문
roska-astia
쓰레기통
postilaatikko
우편함
puutarha
정원

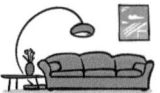

olohuone

응접실

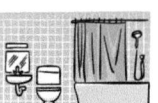

kylpyhuone

욕실

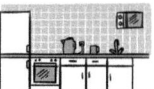

keittiö

부엌

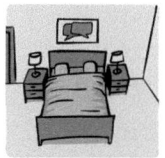

makuuhuone

침실

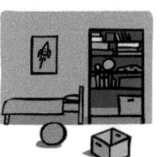

lastenhuone

아이들 방

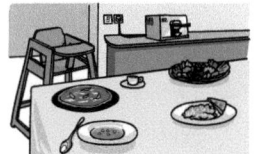

ruokahuone

식사실

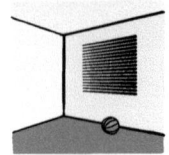

lattia

바닥

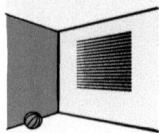

seinä

벽

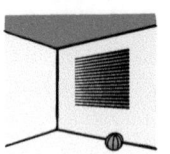

katto

천장

kellari

지하실

sauna

사우나

parveke

발코니

terassi

테라스

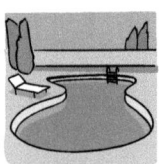

uima-allas

수영장

ruohonleikkuri

잔디 깎는 기계

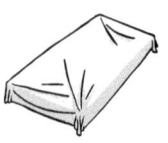

lakana

침대 시트

päiväpeitto

이불

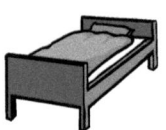

sänky

침대

harja

빗자루

ämpäri

양동이

katkaisin

스위치

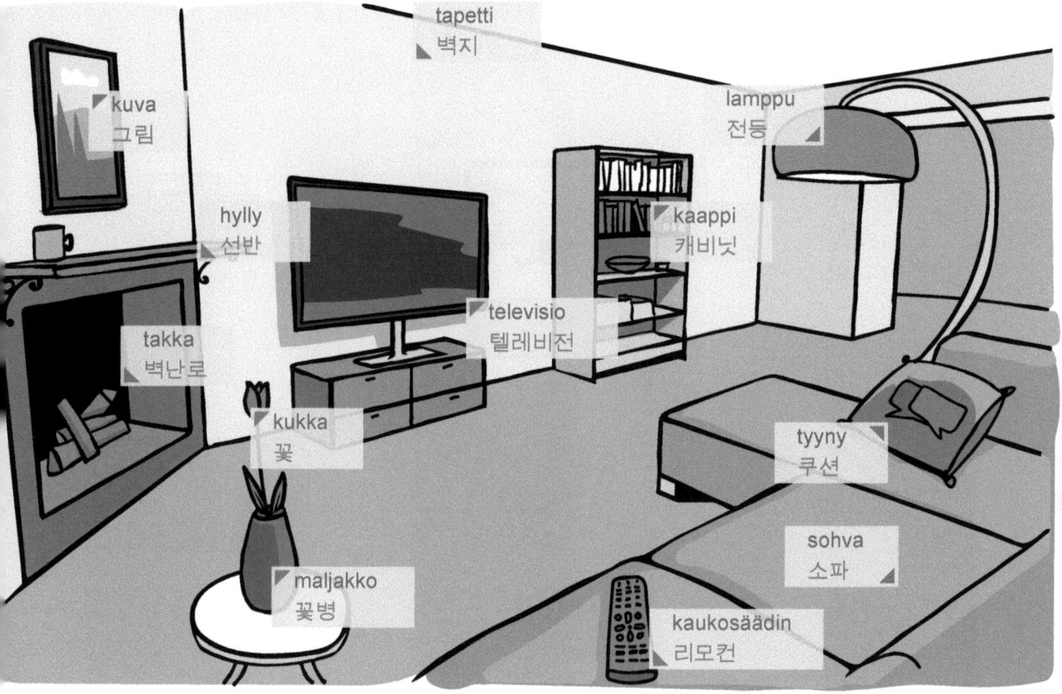

tapetti
벽지

kuva
그림

lamppu
전등

hylly
선반

kaappi
캐비닛

televisio
텔레비전

takka
벽난로

kukka
꽃

tyyny
쿠션

sohva
소파

maljakko
꽃병

kaukosäädin
리모컨

matto

카페트

verho

커튼

pöytä

탁자

tuoli

의자

keinutuoli

흔들의자

nojatuoli

안락의자

kirja

책

peitto

담요

koriste

장식

polttopuut

땔감나무

elokuva

영화

stereot

하이파이 기기

avain

열쇠

sanomalehti

신문

maalaus

회화

juliste

포스터

radio

라디오

muistivihko

노트

pölynimuri

진공청소기

kaktus

선인장

kynttilä

초

keittiö
부엌

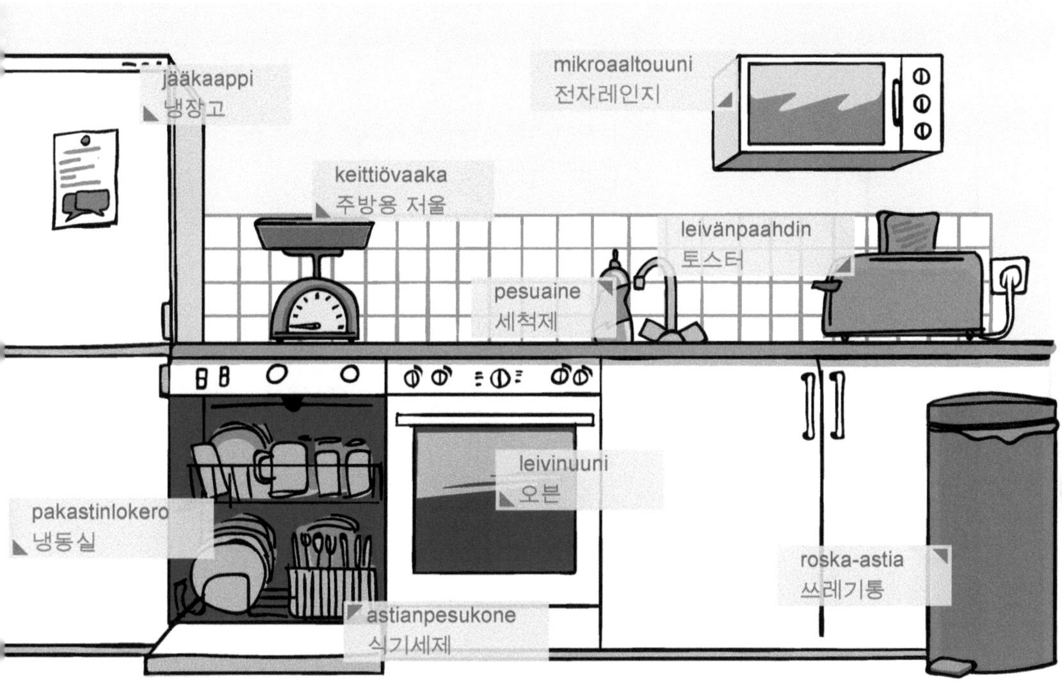
jääkaappi
냉장고
mikroaaltouuni
전자레인지
keittiövaaka
주방용 저울
leivänpaahdin
토스터
pesuaine
세척제
leivinuuni
오븐
pakastinlokero
냉동실
roska-astia
쓰레기통
astianpesukone
식기세제

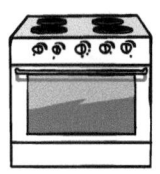

liesi

쿠커

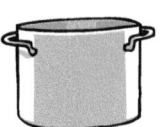

kattila

냄비

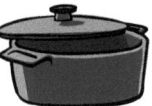

rautapata

주철 냄비

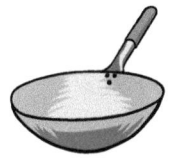

vokkipannu / kadai-pannu

웍 / 카다이 냄비

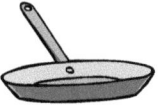

paistinpannu

프라이팬

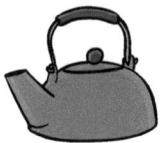

teepannu

주전자

höyrykeitin

찜기

uunipelti

오븐 구이용 쟁반

astiat

그릇

muki

머그

kulho

양푼이

syömäpuikot

젓가락

kauha

국자

paistinlasta

주걱

vispilä

거품기

siivilä

여과기

siivilä

체

raastin

강판

mortteli

절구

grilli

바베큐

avotuli

화덕

leikkuulauta

도마

kaulin

밀방망이

korkinavaaja

코르크 병따개

purkki

캔

purkinavaaja

캔 따개

pannulappu

냄비 받침

lavuaari

개수대

tiskiharja

솔

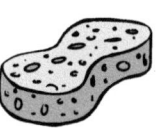

pesusieni

수세미

tehosekoitin

블렌더

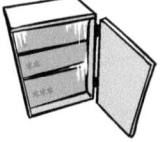

pakastin

냉동고

tuttipullo

젖병

vesihana

수도꼭지

kylpyhuone
욕실

lämmitys
히터
suihku
샤워
pyyhe
수건
suihkuverho
샤워 커튼
vaahtokylpy
거품 비누
kylpyamme
욕조
lasi
유리잔
pesukone
세탁기
vesihana
수도꼭지
kaakelit
타일
potta
변기
lavuaari
개수대

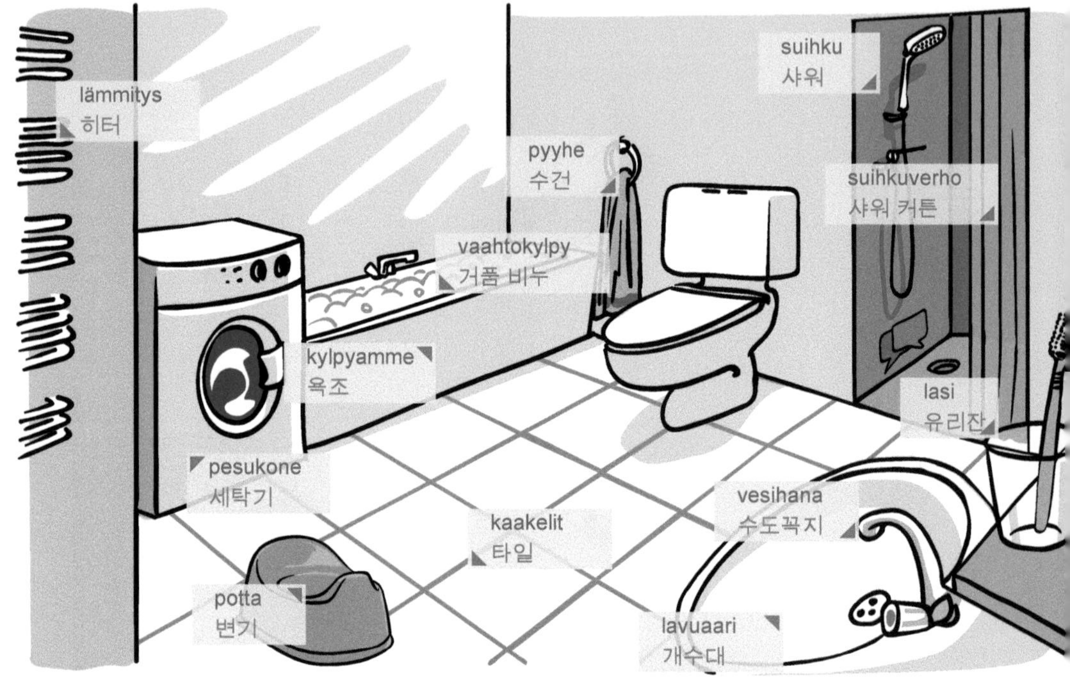

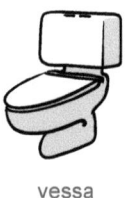

vessa

화장실

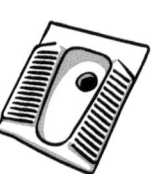

kyykkyvessa

재래식 화장실

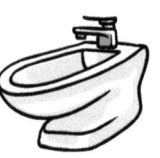

bidee

비데

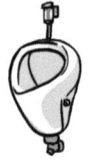

pisuaari

공중 변소

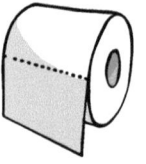

vessapaperi

화장지

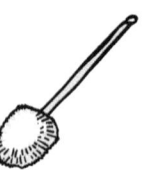

vessaharja

변기솔

hammasharja

치솔

hammastahna

치약

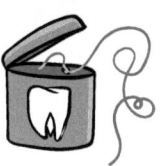

hammaslanka

치실

pestä

씻다

käsisuihku

샤워기

intiimisuihku

질 세척제

pesuvati

대야

selkäharja

등밀이솔

saippua

비누

suihkugeeli

샤워 젤

shampoo

샴푸

pesulappu

물걸레

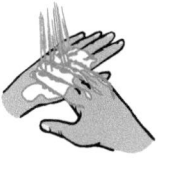

viemäri

배수관

voide

크림

deodorantti

체취 제거제

peili

거울

käsipeili

휴대용 거울

partaveitsi

면도기

partavaahto

면도 거품

partavesi

에프터쉐이브

kampa

빗

harja

솔

hiustenkuivaaja

헤어드라이기

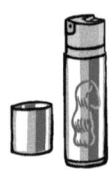

hiuslakka

헤어스프레이

meikki

메이크업

huulipuna

립스틱

kynsilakka

손톱깎이

pumpuli

면 솜

kynsisakset

손톱

hajuvesi

향수

kosmetiikkalaukku

세면도구 주머니

jakkara

스툴

vaaka

저울

kylpytakki

목욕 가운

kumihansikkaat

고무 장갑

tamponi

탐폰

terveysside

생리대

kemiallinen wc

화학 화장실

lastenhuone
아이들 방

herätyskello
자명종
pehmolelu
털인형
leikkiauto
장난감 차
helistin
딸랑이
nukkekoti
인형의 집
lahja
선물

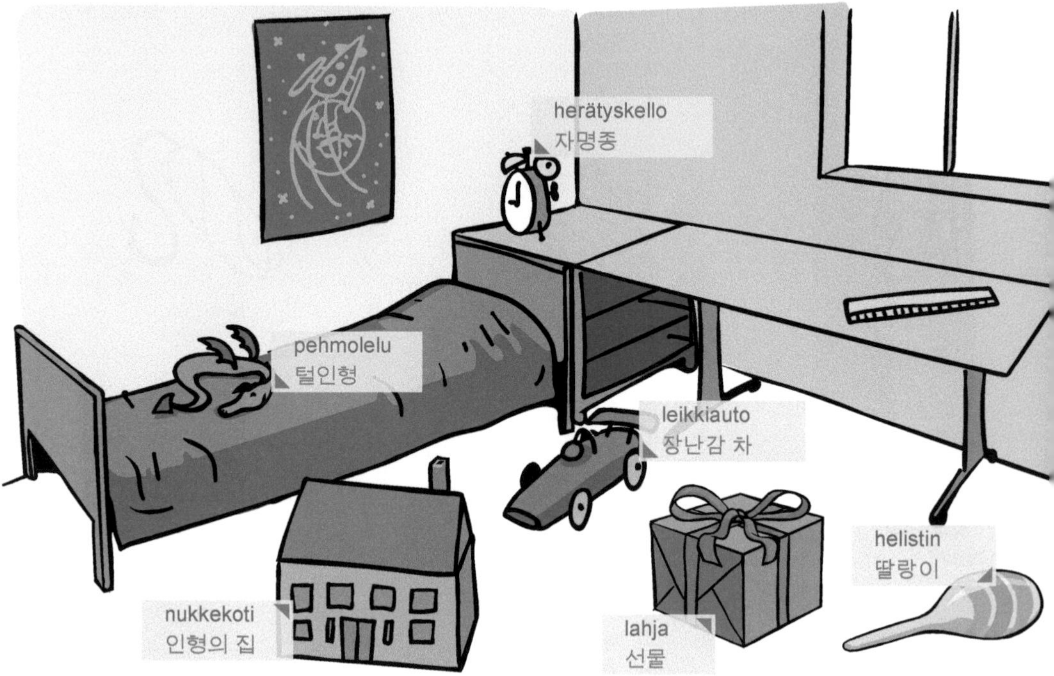

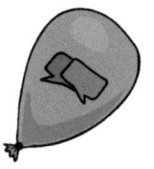

ilmapallo

풍선

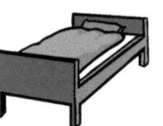

sänky

침대

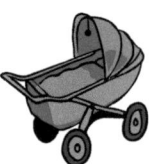

lastenvaunut

유모차

korttipeli

카드 게임

palapeli

퍼즐

SUPER
MEGA

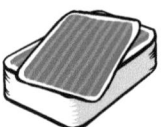

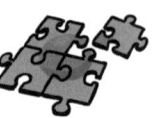

sarjakuva

만화

legopalikat
레고

rakennuspalikat
장난감 블럭

supersankari
액션 캐릭터

potkupuku
베이비 그로

frisbee
프리스비

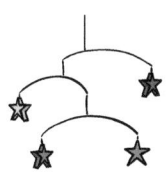

mobile
모빌

lautapeli
보드 게임

noppa
주사위

pienoisjunarata
기차 모형 세트

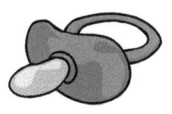

tutti
노리개 젖꼭지

juhlat
파티

kuvakirja
그림책

pallo
공

nukke
인형

leikkiä
놀다

hiekkalaatikko

모래상자

keinu

그네

lelut

장난감

pelikonsoli

비디오 게임 콘솔

kolmipyörä

세바퀴자전거

nalle

곰인형

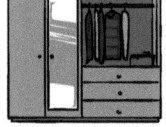

vaatekaappi

옷장

vaatteet

의복

sukat

양말

nylonsukat

스타킹

sukkahousut

스타킹

kaulaliina
스카프

sateenvarjo
우산

t-paita
티셔츠

vyö
허리띠

saappaat
부츠

sisätossut
슬리퍼

lenkkarit
운동화

sandaalit

샌들

kengät

신발

kumisaappaat

고무 장화

alushousut

팬티

rintaliivit

브래지어

aluspaita

러닝 셔츠

body

바디

housut

바지

farkut

청바지

hame

치마

pusero

블라우스

paita

셔츠

villapaita

풀오버

collegepaita

후드티

jakku

블레이저

takki

자켓

takki

외투

sadetakki

비옷

puku

의상

mekko

원피스

hääpuku

웨딩 드레스

puku
양복

yöpaita
나이트가운

pyjama
잠옷

shari
사리

päähuivi
두건

turbaani
터번

burka
부르카

kaftaani
카프탄

abaya
아바야

uimapuku
수영복

uimahousut
수영바지

shortsit
반바지

verkkarit
트레이닝복

esiliina
앞치마

käsineet
장갑

nappi

단추

silmälasit

안경

rannekoru

팔찌

kaulakoru

목걸이

sormus

반지

korvakoru

귀걸이

lippalakki

캡 모자

ripustin

옷걸이

hattu

모자

solmio

넥타이

vetoketju

지퍼

kypärä

헬멧

henkselit

멜빵

koulupuku

교복

univormu

유니폼

ruokalappu

턱받이

tutti

노리개 젖꼭지

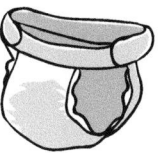

vaippa

기저귀

toimisto
사무실

palvelin
서버

asiakirjakaappi
서류 캐비닛

tulostin
인쇄기

näyttö
모니터

paperi
종이

hiiri
마우스

kirjoituspöytä
책상

kansio
폴더

näppäimistö
자판기

roskakori
휴지통

tietokone
컴퓨터

tuoli
의자

kahvimuki

커피잔

taskulaskin

계산기

internet

인터넷

kannettava tietokone

노트북

kirje

편지

viesti

메시지

kännykkä

휴대전화

verkko

네트워크

kopiokone

복사기

ohjelmisto

소프트웨어

puhelin

전화

pistorasia

플러그 소켓

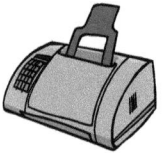

faksi

팩시밀리

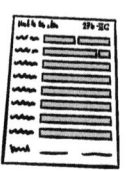

lomake

서식

asiakirja

서류

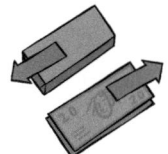

ostaa

사다

maksaa

지불하다

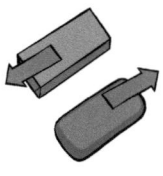

vaihtaa

거래하다

raha

돈

dollari

달러

euro

유로

jeni

엔

rupla

루벨

frangi

스위스 프랑

renminbi juan

위안

rupia

루피

pankkiautomaatti

현금인출기

rahanvaihto

환전소

kulta

금

hopea

은

öljy

석유

energia

에너지

hinta

가격

sopimus

계약

vero

세금

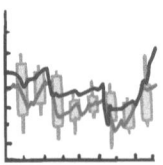

osake

주식

työskennellä

일하다

työntekijä

근로자

työnantaja

고용주

tehdas

공장

liike

상점

ammatit
직업

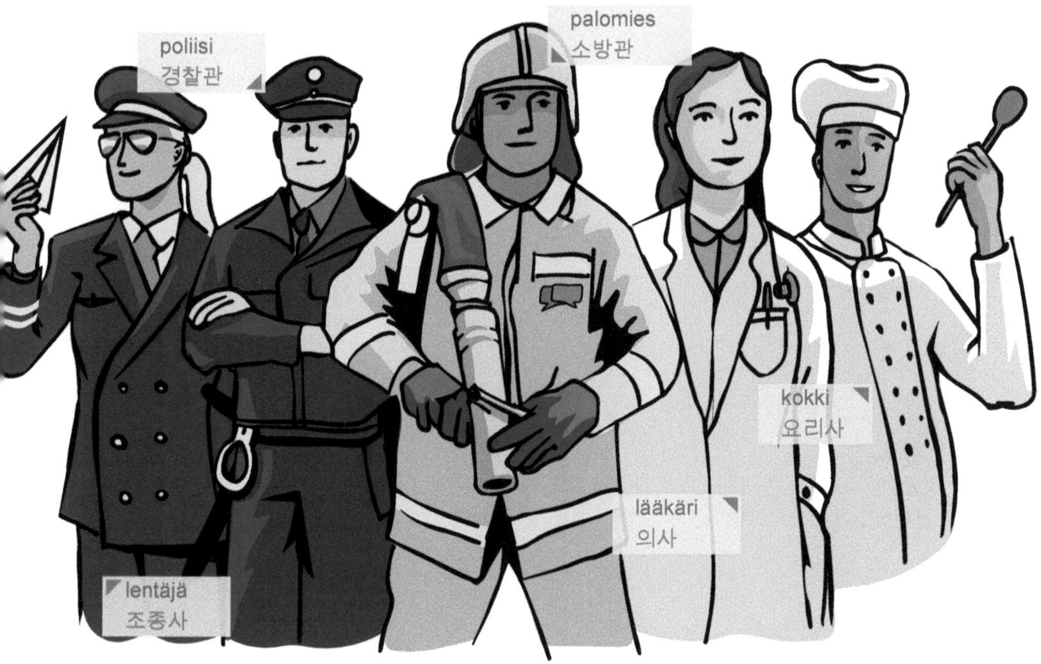

poliisi
경찰관
palomies
소방관
kokki
요리사
lääkäri
의사
lentäjä
조종사

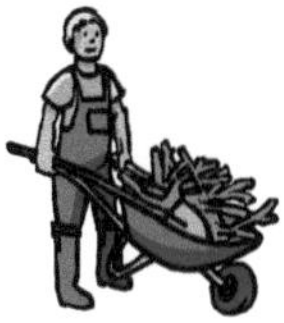

puutarhuri

정원사

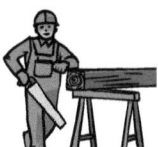

puuseppä

목수

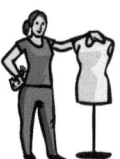

ompelija

수선공

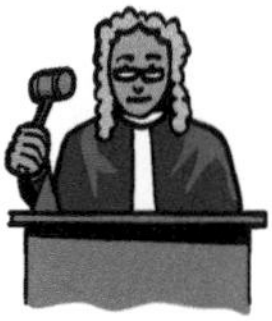

tuomari

판사

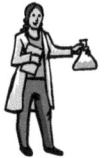

kemisti

화학자

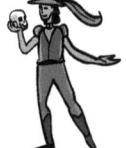

näyttelijä

배우

linja-autonkuljettaja

버스운전사

taksinkuljettaja

택시 운전사

kalastaja

어부

siivooja

청소부

katontekijä

지붕 수리자

tarjoilija

웨이터

metsästäjä

사냥꾼

maalari

화가

leipuri

제빵사

sähköasentaja

전기업자

rakentaja

건축업자

insinööri

엔지니어

teurastaja

정육점업자

putkiasentaja

배관업자

postinjakaja

우편물 배달부

ammatit - 직업

sotilas

군인

arkkitehti

건축가

kassanhoitaja

계산원

floristi

플로리스트

kampaaja

미용사

konduktööri

검표원

mekaanikko

정비사

kapteeni

선장

hammaslääkäri

치과의사

tiedemies

학자

rabbi

유대교 라비

imaami

이맘

munkki

수도승

pappi

사제

työkalut
연장

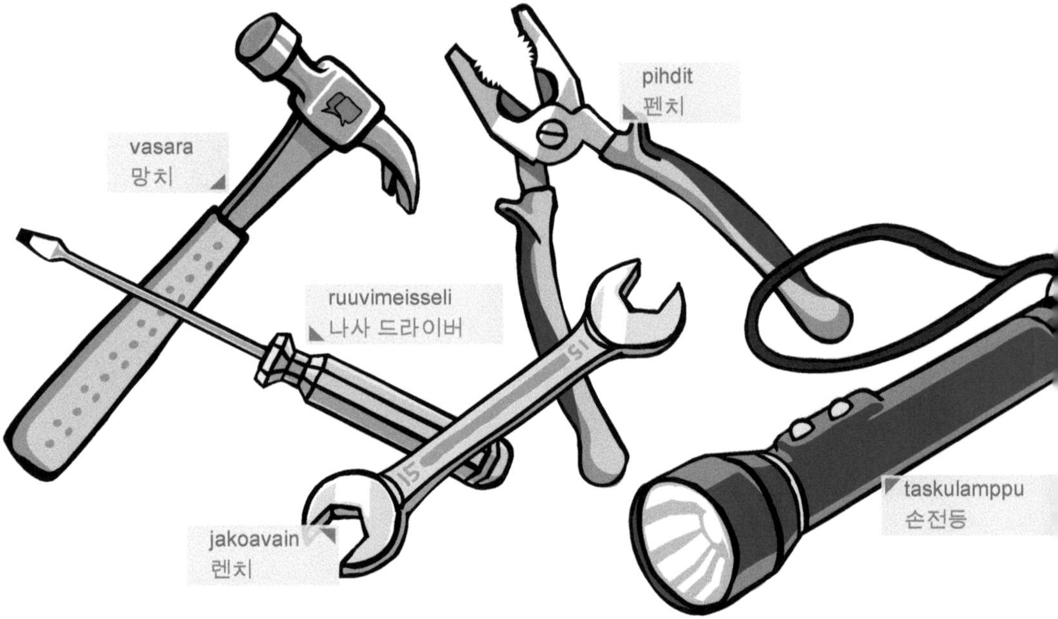

pihdit
펜치
vasara
망치
ruuvimeisseli
나사 드라이버
taskulamppu
손전등
jakoavain
렌치

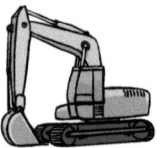

kaivinkone

굴삭기

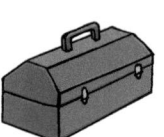

työkalupakki

연장통

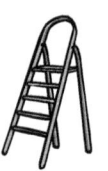

tikkaat

사다리

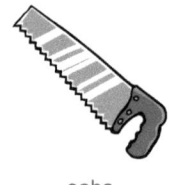

saha

톱

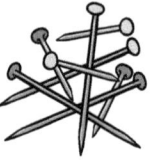

naulat

못

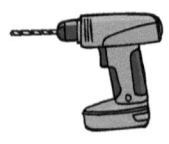

pora

드릴

korjata

수리하다

lapio

삽

Hitto!

젠장!

rikkalapio

쓰레받기

maalipurkki

페인트통

ruuvit

나사

soittimet
악기

kaiuttimet
스피커

rummut
드럼

kitara
기타

kontrabasso
콘트라베이스

trumpetti
트럼펫

piano

피아노

viulu

바이올린

basso

베이스

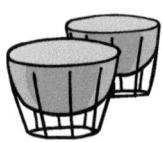

patarummut

팀파니

rumpu

북

kosketinsoitin

키보드

saksofoni

색소폰

huilu

플루트

mikrofoni

마이크

eläintarha

동물원

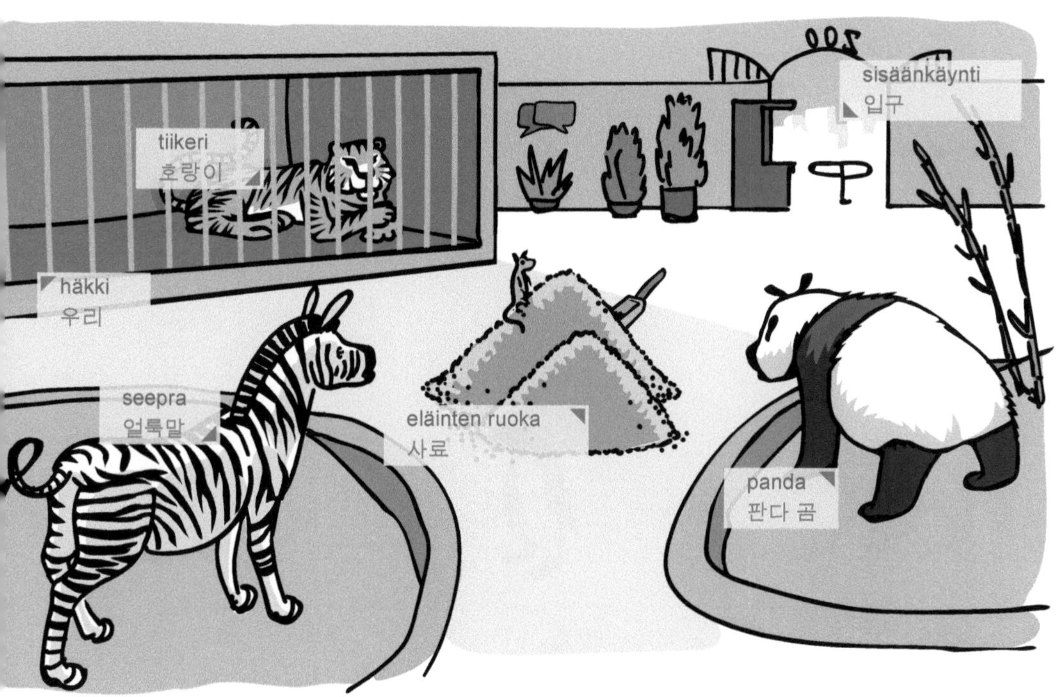
sisäänkäynti
입구
tiikeri
호랑이
häkki
우리
seepra
얼룩말
eläinten ruoka
사료
panda
판다 곰

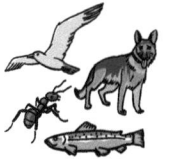

eläimet

동물

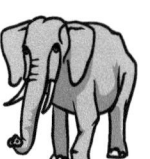

norsu

코끼리

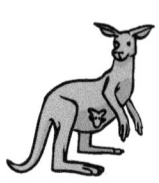

kenguru

캥거루

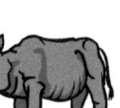

sarvikuono

코뿔소

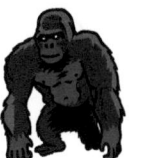

gorilla

고릴라

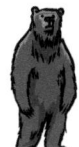

karhu

곰

kameli

낙타

strutsi

타조

leijona

사자

apina

원숭이

flamingo

홍학

papukaija

앵무새

jääkarhu

북극곰

pingviini

펭귄

hai

상어

riikinkukko

공작

käärme

뱀

krokotiili

악어

eläintarhanhoitaja

동물원 사육사

hylje

물개

jaguaari

재규어

eläintarha - 동물원

poni

조랑말

leopardi

표범

virtahepo

하마

kirahvi

기린

kotka

독수리

villisika

맷돼지

kala

생선

kilpikonna

거북이

mursu

바다코끼리

kettu

여우

gaselli

영양

amerikkalainen jalkapallo
미식축구

pyöräily
자전거 경기

tennis
테니스

koripallo
농구

uinti
수영

nyrkkeily
권투

jääkiekko
아이스하키

jalkapallo
축구

sulkapallo
배드민턴

yleisurheilu
육상 경기

käsipallo
핸드볼

hiihto
스키

poolo
폴로

aktiviteetit
활동

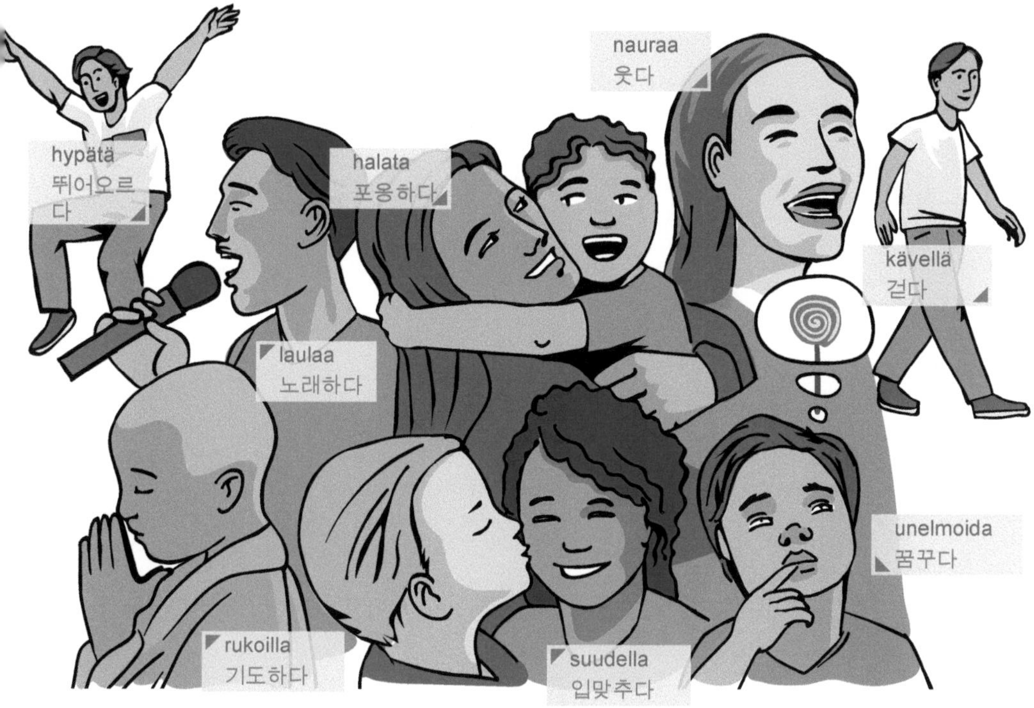
hypätä
뛰어오르다
halata
포옹하다
nauraa
웃다
kävellä
걷다
laulaa
노래하다
unelmoida
꿈꾸다
rukoilla
기도하다
suudella
입맞추다

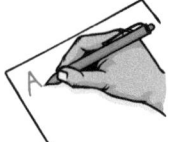

kirjoittaa

쓰다

piirtää

그리다

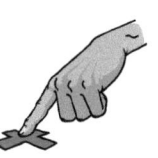

näyttää

보여주다

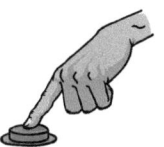

painaa

밀다

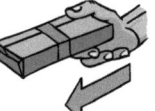

antaa

주다

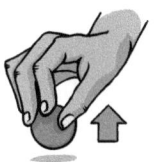

ottaa

받다

omistaa

가지다

tehdä

행하다

olla

...이다

seisoa

서있다

juosta

뛰다

vetää

당기다

heittää

던지다

kaatua

떨어지다

maata

누워있다

odottaa

기다리다

kantaa

운반하다

istua

앉다

pukeutua

옷을 입다

nukkua

자다

herätä

깨다

katsoa

보다

itkeä

울다

silittää

쓰다듬다

kammata

빗다

puhua

말하다

ymmärtää

이해하다

kysyä

묻다

kuunnella

듣다

juoda

마시다

syödä

먹다

siivota

정리하다

rakastaa

사랑하다

keittää

요리하다

ajaa

주행하다

lentää

날다

purjehtia
해항하다

laskea
계산하다

lukea
읽다

oppia
배우다

työskennellä
일하다

mennä naimisiin
결혼하다

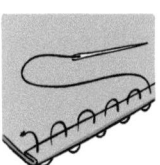

ommella
바느질하다

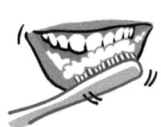

pestä hampaat
이를 닦다

tappaa
죽이다

tupakoida
담배 피우다

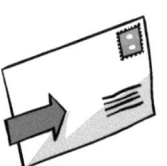

lähettää
보내다

mummo
할머니

ukki
할아버지

isä
아버지

äiti
어머니

vauva
아기

tytär
딸

poika
아들

vieras

손님

täti

이모 / 고모

setä

삼촌

veli

형제

sisko

자매

vartalo

몸통

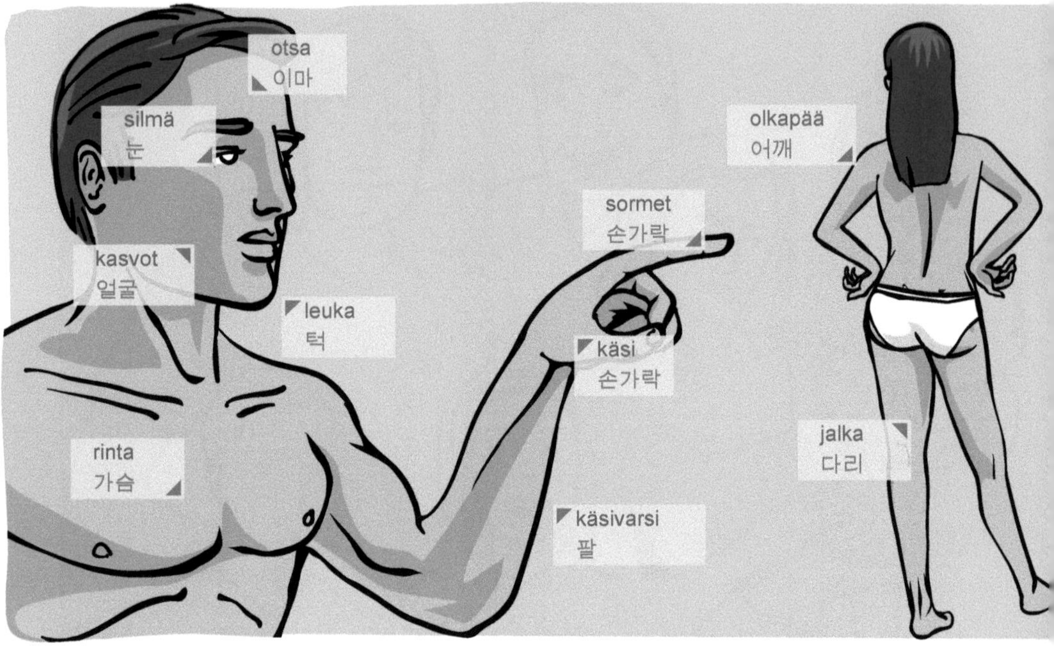
otsa
이마
silmä
눈
olkapää
어깨
sormet
손가락
kasvot
얼굴
leuka
턱
käsi
손가락
rinta
가슴
jalka
다리
käsivarsi
팔

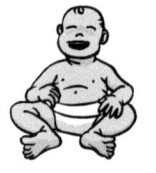

vauva

아기

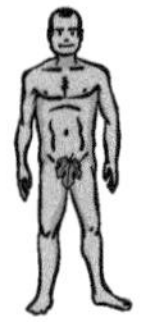

mies

남자

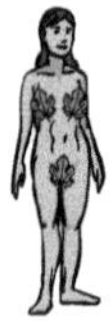

nainen

여자

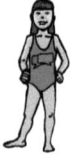

tyttö

소녀

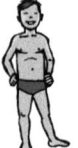

poika

소년

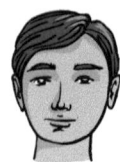

pää

머리카락

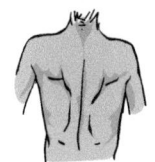

selkä

등

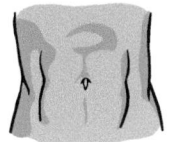

maha

배

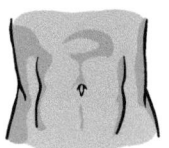

napa

배꼽

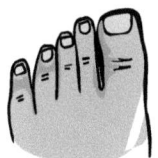

varvas

발가락

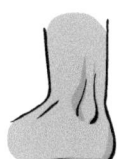

kantapää

발꿈치

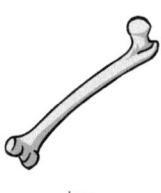

luu

뼈

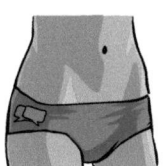

lantio

엉덩이

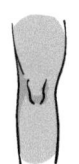

polvi

무릎

kyynärpää

팔꿈치

nenä

코

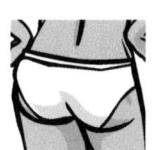

takapuoli

둔부

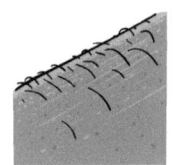

iho

피부

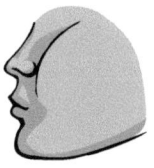

poski

뺨

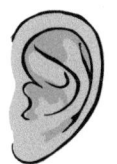

korva

귀

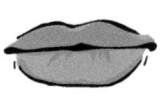

huuli

입술

suu

입

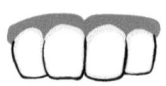

hammas

치아

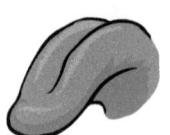

kieli

혀

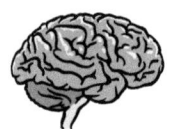

aivot

뇌

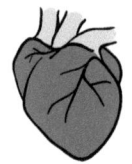

sydän

심장

lihas

근육

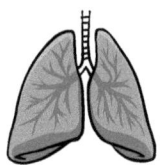

keuhkot

허파

maksa

간

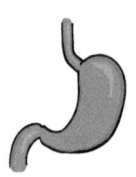

vatsa

위

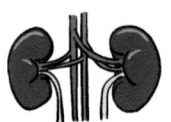

munuaiset

신장

seksi

성교

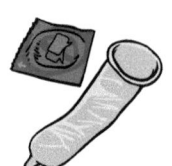

kondomi

콘돔

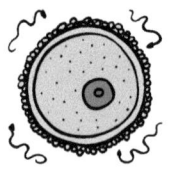

munasolu

난자

sperma

정자

raskaus

임신

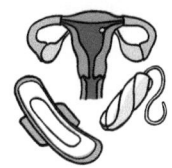

kuukautiset

월경

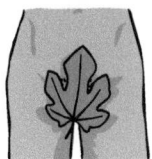

vagina

질

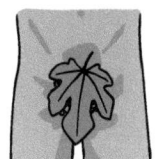

penis

음경

kulmakarvat

눈썹

hiukset

머리카락

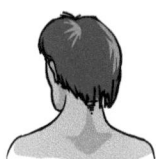

niska

목

sairaala
병원

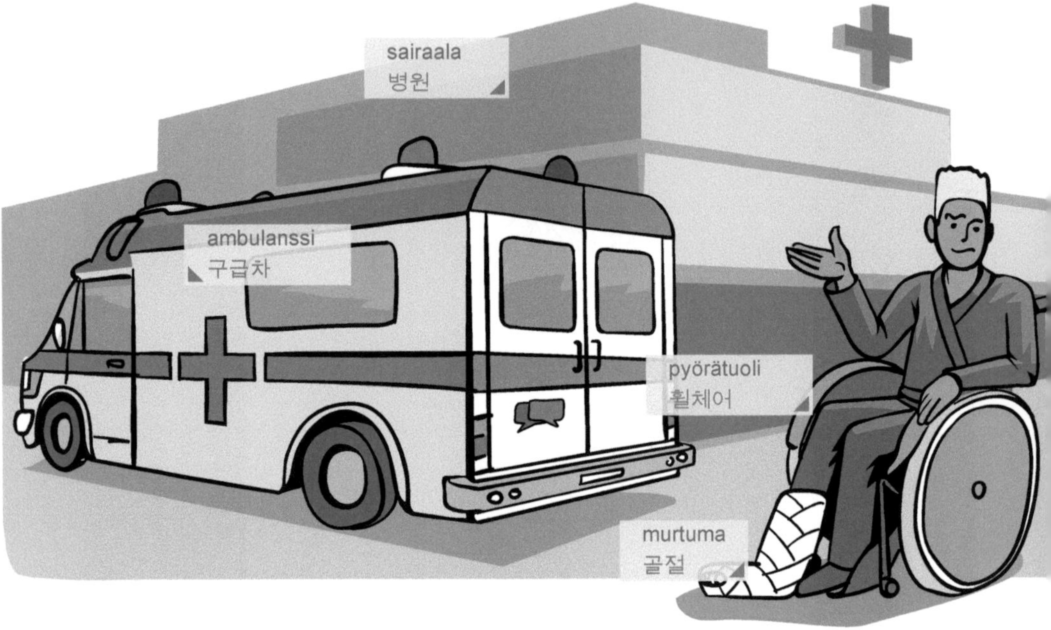

sairaala
병원
ambulanssi
구급차
pyörätuoli
휠체어
murtuma
골절

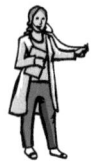

lääkäri

의사

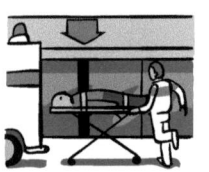

ensiapu

응급실

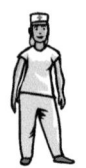

sairaanhoitaja

간호사

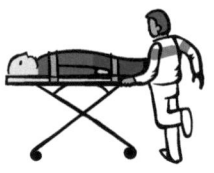

hätätilanne

응급상황

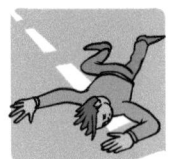

tajuton

혼수상태

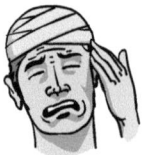

kipu

통증

vamma

부상

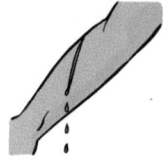

verenvuoto

출혈

sydänkohtaus

심장마비

aivoinfarkti

뇌졸중

allergia

알러지

yskä

기침

kuume

열

flunssa

독감

ripuli

설사

päänsärky

두통

syöpä

암

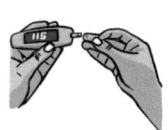

diabetes

당뇨병

kirurgi

외과의

veitsi

수술용 메스

leikkaus

수술

ct

CT

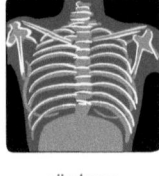

röntgen

엑스레이

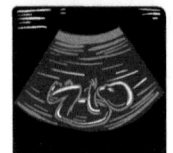

ultraääni

초음파

maski

마스크

sairaus

질병

odotushuone

대기실

sauva

목발

laastari

반창고

side

붕대

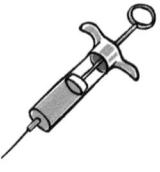

pistos

주사

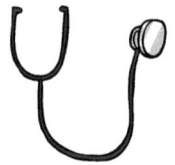

stetoskooppi

청진기

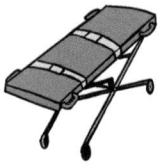

paarit

들것

kuumemittari

체온계

syntymä

출생

ylipaino

과체중

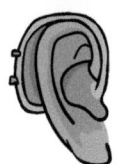

kuulolaite

보청기

desinfiointiaine

소독약

infektio

감염

virus

바이러스

HIV / AIDS

HIV / AIDS

lääke

의학

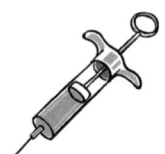

rokotus

예방접종

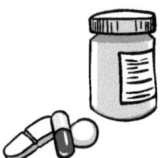

tabletit

알약

pilleri

알약

hätäpuhelu

구급 전화

verenpainemittari

혈압측정기

sairas / terve

병든 / 건강한

Apua!
도와주세요!

hälytys
경보음

ryöstö
폭행

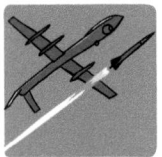

hyökkäys
공격

vaara
위험

hätäuloskäynti
비상구

Tulipalo!
불이야!

palosammutin
소화기

onnettomuus
사고

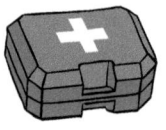

ensiapulaukku
구급 상자

SOS
SOS

poliisilaitos
경찰

Eurooppa

유럽

Pohjois-Amerikka

북미

Etelä-Amerikka

남미

Afrikka

아프리카

Aasia

아시아

Australia

호주

Atlantin valtameri

북극

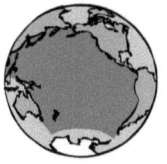

Tyynimeri

태평양

Intian valtameri

인도양

Eteläinen jäämeri

남극해

Pohjoinen jäämeri

북극해

pohjoisnapa

북극해

etelänapa

남극해

Antarktis

남극

maa

지구

maa

육지

meri

바다

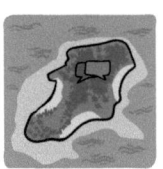

saari

섬

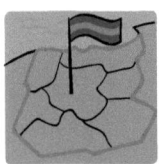

kansa

국가

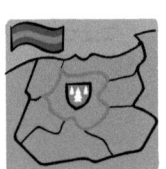

osavaltio

주

maa - 지구

kellotaulu

시계 문자판

tuntiviisari

시침

minuuttiviisari

분침

sekuntiviisari

초침

Paljonko kello on?

몇 시입니까?

päivä

일

aika

시간

nyt

지금

digitaalikello

디지털 시계

minuutti

분

tunti

시간

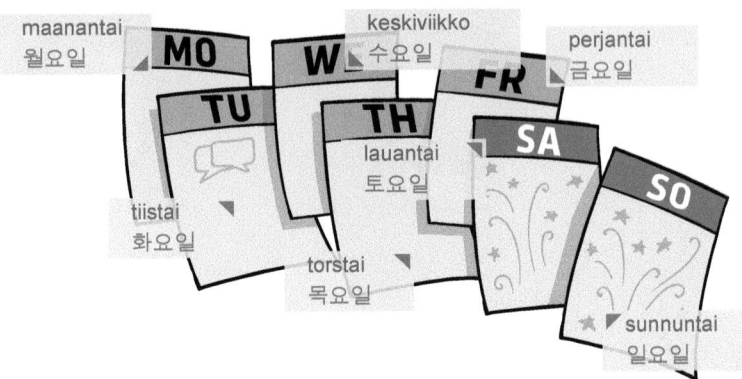

maanantai
월요일

keskiviikko
수요일

perjantai
금요일

tiistai
화요일

lauantai
토요일

torstai
목요일

sunnuntai
일요일

eilen

어제

tänään

오늘

huomenna

내일

aamu

아침

keskipäivä

정오

ilta

저녁

MO	TU	WE	TH	FR	SA	SU
1	2	3	4	5	6	7
8	9	10	11	12	13	14
15	16	17	18	19	20	21
22	23	24	25	26	27	28
29	30	31	1	2	3	4

työpäivät

근로일

MO	TU	WE	TH	FR	SA	SU
1	2	3	4	5	6	7
8	9	10	11	12	13	14
15	16	17	18	19	20	21
22	23	24	25	26	27	28
29	30	31	1	2	3	4

viikonloppu

주말

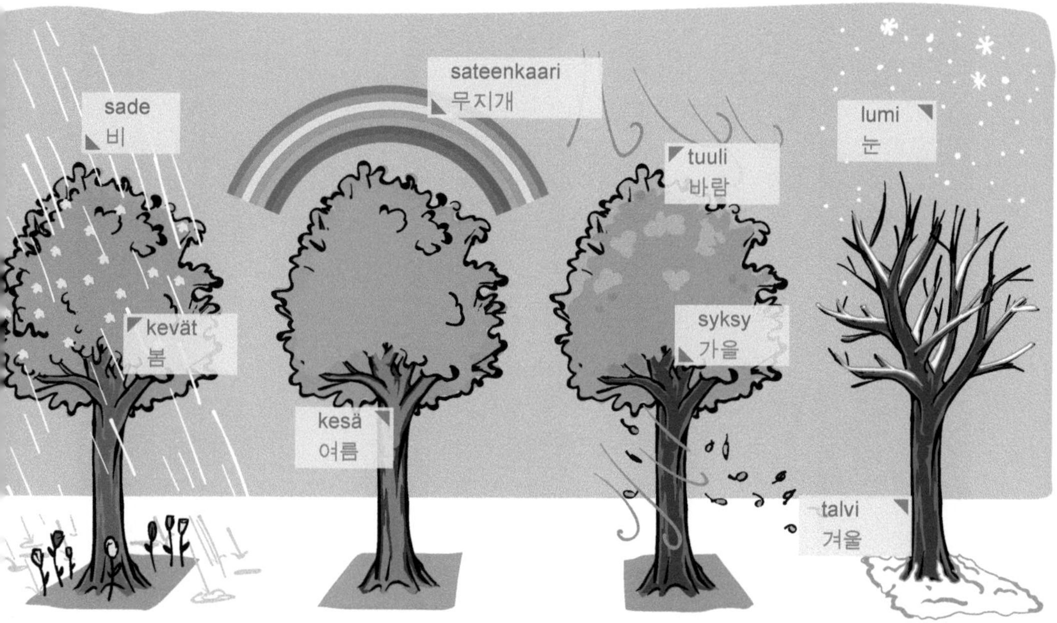

sateenkaari
무지개
sade
비
lumi
눈
tuuli
바람
kevät
봄
syksy
가을
kesä
여름
talvi
겨울

4.APRIL 11°
5.APRIL 4°
6.APRIL 13°
7.APRIL 8°
8.APRIL 10°
sääennuste
날씨 예보

F
C
120
90
60
30
0
-30
40
30
20
10
0
-10
-20
lämpömittari
온도계

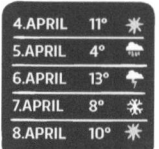

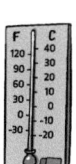

auringonpaiste
햇빛

pilvi
구름

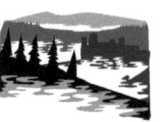

sumu
안개

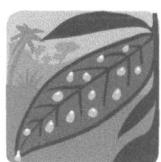

ilmankosteus
습도

salama

번개

ukkonen

천둥

myrsky

폭풍

rae

우박

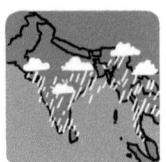

monsuuni

장마

tulva

홍수

jää

얼음

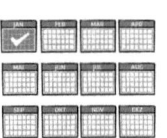

tammikuu

1월

helmikuu

2월

maaliskuu

3월

huhtikuu

4월

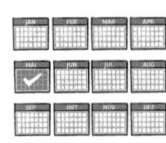

toukokuu

5월

kesäkuu

6월

heinäkuu

7월

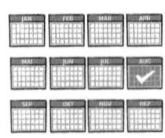

elokuu

8월

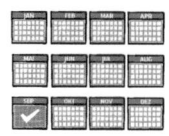

syyskuu

9월

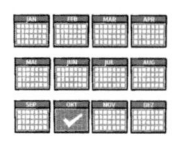

lokakuu

10월

marraskuu

11월

joulukuu

12월

muodot
형태

ympyrä

원

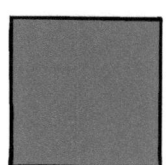

neliö

정사각형

suorakulmio

직사각형

kolmio

삼각형

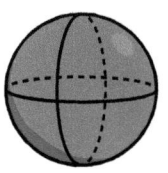

pallo

구

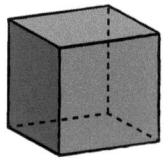

kuutio

정사면체

muodot - 형태   83

valkoinen

하양

keltainen

노랑

oranssi

주황

vaaleanpunainen

분홍

punainen

빨강

violetti

보라

sininen

파랑

vihreä

초록

ruskea

갈색

harmaa

회색

musta

검정

paljon / vähän

많은 / 적은

vihainen / ystävällinen

화난 / 차분한

kaunis / ruma

아름다운 / 추한

alku / loppu

시작 / 끝

suuri / pieni

큰 / 작은

vaalea / tumma

밝은 / 어두운

veli / sisko

형제 / 자매

puhdas / likainen

깨끗한 / 더러운

täydellinen / epätäydellinen

완전한 / 불완전한

päivä / yö

낮 / 밤

kuollut / elävä

죽은 / 산

leveä / kapea

넓은 / 좁은

syötävä / syömäkelvoton

삭용의 / 비식용의

paha / kiltti

불친절한 / 친절한

innostunut / tylsistynyt

흥분된 / 지루한

lihava / laiha

뚱뚱한 / 마른

ensimmäinen / viimeinen

처음으로 / 마지막으로

ystävä / vihollinen

친구 / 적

täysi / tyhjä

꽉 찬 / 텅 빈

kova / pehmeä

딱딱한 / 부드러운

painava / kevyt

무거운 / 가벼운

nälkä / jano

배고픔 / 목마름

sairas / terve

병든 / 건강한

laiton / laillinen

불법 / 합법

älykäs / tyhmä

영리한 / 어리석은

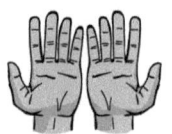

vasen / oikea

왼 / 오른

lähellä / kaukana

가까운 / 먼

uusi / käytetty

새 / 헌

ei mitään / jotain

무 / 유

vanha / nuori

늙은 / 젊은

päällä / pois päältä

온 / 오프

auki / kiinni

열린 / 닫힌

hiljainen / äänekäs

조용한 / 시끄러운

rikas / köyhä

부유한 / 가난한

oikein / väärin

옳은 / 틀린

karhea / sileä

거친 / 매끄러운

surullinen / iloinen

슬픈 / 기쁜

lyhyt / pitkä

짧은 / 긴

hidas / nopea

느린 / 빠른

märkä / kuiva

젖은 / 마른

lämmin / viileä

따뜻한 / 시원한

sota / rauha

전쟁 / 평화

0

nolla

영

1

yksi

하나

2

kaksi

둘

3

kolme

셋

4

neljä

넷

5

viisi

다섯

6

kuusi

여섯

7

seitsemän

일곱

8

kahdeksan

여덟

9

yhdeksän

아홉

10

kymmenen

열

11

yksitoista

열하나

12
kaksitoista
열둘

13
kolmetoista
열셋

14
neljätoista
열넷

15
viisitoista
열다섯

16
kuusitoista
열여섯

17
seitsemäntoista
열일곱

18
kahdeksantoista
열여덟

19
yhdeksäntoista
열아홉

20
kaksikymmentä
스물

100
sata
백

1.000
tuhat
천

1.000.000
miljoona
백만

englanti

영어

amerikanenglanti

미국식 영어

mandariinikiina

중국어 만다린

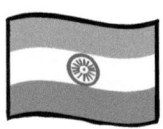

hindi

힌두어

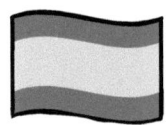

espanja

스페인어

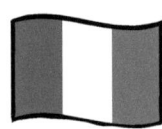

ranska

프랑스어

arabia

아랍어

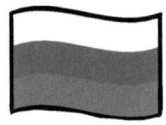

venäjä

러시아어

portugali

포르투갈어

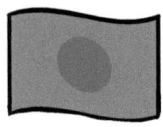

bengali

불가리아어

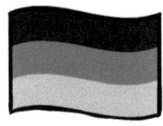

saksa

독일어

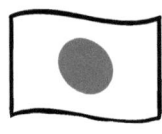

japani

일본어

minä

나

sinä

너

hän

그 / 그녀/ 그것

me

우리

te

너희들

he

그들

kuka?

누가?

mitä / mikä?

무엇이?

miten?

어떻게?

missä?

어디서?

milloin?

언제?

nimi

이름

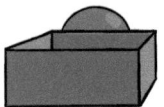

takana

뒤에

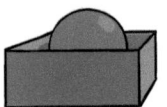

sisällä

안에

edessä

앞에

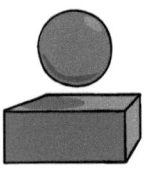

yläpuolella

위에

päällä

위에

alapuolella

아래에

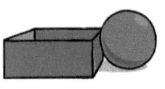

vieressä

옆에

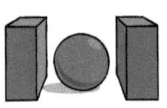

välissä

사이에

paikka

장소